EELCO DE GEUS

DER DIALOG

NEUE WEGE DER KOMMUNIKATION DURCH BEGLEITETE DIALOGPROZESSE

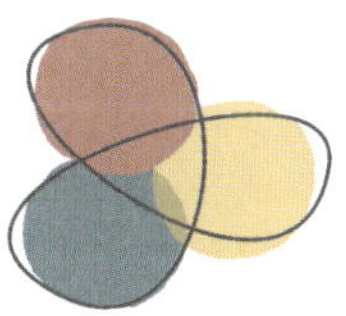

IN UNTERNEHMEN, NON-PROFIT-ORGANISATIONEN, GEMEINSCHAFTEN UND SCHULEN

Renate Götz Verlag

ZUM INHALT

Unsere Kommunikation verläuft schnell. So schnell, dass wir verlernt haben, einander wirklich zuzuhören. Wir argumentieren und diskutieren auf der Suche nach schneller, möglichst konfliktfreier Übereinstimmung und adäquaten Entscheidungen. Wir neigen dazu, unsere Positionen zu verteidigen, statt uns auf einen gemeinsamen Denkprozess einzulassen.

Der Dialog bietet einen Rahmen, in dem wir unsere Kommunikation verlangsamen, einander wirklich zuhören und unsere Gedanken gleichwertig mitteilen. Das ermöglicht, unsere eigenen Bewertungen zu untersuchen, sodass wir andere Gedanken wieder zulassen können. So kann etwas Neues entstehen, das wir allein nie denken hätten können. Der Dialog bietet die Möglichkeit zu erfahren, was es bedeutet „kollektiv" zu denken.

INHALT

2024 © Renate Götz Verlag
A-2731 Dörfles, Römerweg 6
info@rgverlag.com
rgverlag.com

Coverbild: Eelco de Geus
Illustrationen S. 5 u. 31: Franzi Draws, Adobe-Stock
Autorenfoto S. 30: Eelco de Geus privat

Covergestaltung, Layout & Gesamtgestaltung: outLINE|grafik Eva Denk . outlinegrafik.at

Produktion: FINIDR, s.r.o., Český Těšín, Tschechische Republik . finidr.de

ISBN 978-3-99150-011-7

Jede individuelle Ansicht eröffnet eine
einzigartige Perspektive auf eine größere Realität.
Wenn ich die Welt mit Ihren Augen sehe und Sie die Welt mit meinen,
werden wir beide etwas erkennen, was wir allein niemals entdeckt hätten.

Peter Senge

VORWORT

Unsere Kommunikation verläuft schnell. So schnell, dass wir kaum Zeit haben einander wirklich zuzuhören. Wir argumentieren und diskutieren auf der Suche nach schneller, möglichst konfliktfreier Übereinstimmung und adäquaten Entscheidungen. Wir neigen dazu, unsere Positionen zu verteidigen, statt uns auf einen gemeinsamen Denkprozess einzulassen.

Durch die Verteidigung unserer Meinung verhärten wir und bewegen uns in Konflikte hinein, in denen sich nur mehr wenig verändern lässt und die oft über Jahre oder sogar über Generationen weiterleben.

Diese Form der Kommunikation, die in Unternehmen und Organisationen, aber auch in Schulen, Gemeinschaften, Familien, der Politik und in der Gesellschaft oftmals üblich ist, bringt meist nicht, was wir uns wünschen. Menschen fühlen sich nicht gehört und viele wichtige Gedanken gehen verloren. Bei dieser Art der Kommunikation liegen die Entscheidungen in den Händen weniger Personen.

Viele Versammlungen und Meetings sind für die Teilnehmenden unbefriedigend. Um die Zufriedenheit von Mitarbeiter*innen und Kund*innen muss verstärkt gekämpft werden. In Gemeinschaften schwindet die Möglichkeit, gemeinsam nachzudenken und miteinander die Zukunft zu gestalten. Gruppen schließen einander aufgrund alter Erfahrungen und gegenseitiger Bewertung aus. Dadurch ist die Grundlage für Konflikt und sogar Gewalt geschaffen und bleibt erhalten.

Der Dialog ist eine Haltung und eine Methodik, die es uns ermöglicht, unsere Kommunikation zu verlangsamen, einander zuzuhören und unsere Gedanken gleichwertig mitzuteilen. Sie bietet einen Rahmen, unsere eigenen Bewertungen zu untersuchen, sodass wir andere Gedanken auch wieder zulassen können. So kann etwas Neues entstehen, das wir allein nie denken hätten können.

Der Dialog bietet die Möglichkeit zu erfahren, was es bedeutet, miteinander zu denken.

Unternehmen und Organisationen interessieren sich zunehmend für den Dialog als Möglichkeit, kollektive Denkprozesse in der Organisation oder der Gruppe zu unterstützen. Diese Entwicklung schließt bei dem allgemeinen Interesse für Partizipation, agile Arbeitsstrukturen und Gemeinschaftsbildung an.

Dialog kann ein hilfreiches Instrument sein:

- bei der Unterstützung kreativer und strategischer Prozesse
- beim Aufbau der Kommunikation zwischen Teams und Abteilungen
- bei der Bearbeitung von Konflikten
- um Vielfalt und unterschiedliche Perspektiven in Organisationen zu nützen
- um die Verbindung und das Gemeinschaftsgefühl in der Organisation zu stärken

Dialog bietet Organisationen die Möglichkeit, ihre wichtigste Ressource, nämlich das Potenzial der Menschen, für die Entwicklung der Organisation optimal einzusetzen. Im Gemeinschafts-, Schul- und Familienbereich bietet der Dialog die Möglichkeit, Kontakt zwischen Menschen zu fördern, Respekt für die Unterschiedlichkeit aufzubauen, gemeinsam Visionen zu entwickeln und Probleme untereinander auf friedliche Weise zu behandeln.

Dieser Text bietet eine Definition von Dialog, beschreibt Hintergründe von Dialog, erläutert Anwendungsmöglichkeiten und möchte dem*r Leser*in einen ersten Einblick in den Dialog als Prozess vermitteln.

Eelco de Geus
April 2024

1 | EINFÜHRUNG IN DEN DIALOG

WAS IST DIALOG?

Mit Dialog ist hier nicht das allgemeine Zwiegespräch gemeint, sondern ein hoch wirksames Kommunikationsverfahren, das in Gruppen erfolgreich als strategisches Instrument eingesetzt werden kann. Ein Dialogprozess bewirkt Veränderungen auf zwei Ebenen gleichzeitig: Einerseits werden im Dialog wichtige Themen der Gruppe konkret bearbeitet, andererseits ist der Dialog ein konkreter Weg, um festgefahrene Kommunikationsmuster in Gruppen grundlegend positiv zu verändern.

In der Gesprächsform des Dialogs wird der Beitrag jedes Gruppenmitglieds für die Weiterentwicklung der Gruppe oder der Organisation als unentbehrlich betrachtet. Gegenseitiger Respekt, zuhören und sich authentisch mitteilen stehen dabei im Mittelpunkt. Der Dialog wird zum Pfeiler für das gemeinsame (kollektive) Denken der Gruppe.

Das Wort Dialog stammt von „Dialogos" (Dia = durch, Logos = Wort/Sinn/Beziehung) und bedeutet so viel wie „Sinnstiftung durch Beziehung".

Ein Dialogprozess ist eine Vorgangsweise, bei der mehrere Menschen zusammenkommen, um ihre Gedanken zu einem Thema mitzuteilen und die Gedanken anderer anzuhören, bis eine gemeinsame neue Sinnstiftung im gemeinsamen Denken entsteht.

Darin unterscheidet sich ein Dialogprozess von den uns bekannten Formen der Diskussion: Im Dialog, der auf absoluter Gleichwürdigkeit aller Teilnehmenden basiert, kann sich jede*r mitteilen, ohne unterbrochen zu werden.

Das Einander-Zuhören steht im Mittelpunkt. Eigene Meinungen werden in der Schwebe gehalten, bis ein gemeinsamer Denkprozess entsteht, in dem das kollektive Wissen der Gruppe sichtbar wird.

Dies steht im Gegensatz zu den uns bekannten, oft sinnvollen, oft aber auch frustrierenden Diskussionsformen, in denen wir versuchen, unsere individuelle Meinung durch Argumentation durchzusetzen, und wo meist die Macht des*r Stärksten gilt. Diskussion macht Sinn, wenn es gilt, Entscheidungsprozesse zu beschleunigen oder wenn eine kritische Auseinandersetzung mit bestimmten Themen erforderlich ist.

Für kreative Prozesse, für Strategie- oder Visionsentwicklungen, für die Lösung schwieriger Probleme oder wenn die Kommunikation in einer Gruppe nicht funktioniert, bietet der Dialog die Chance, dass in der Gruppe vorhandenes Wissen sichtbar und nutzbar wird.

WURZELN DES DIALOGS

Der Dialog als Kommunikationsform hat eine lange Geschichte. Seine Wurzeln finden sich in unterschiedlichsten Kulturen, von der alten griechischen Kultur bis zur indianischen Kultur, in denen die Gesprächsrunden eine wichtige Basis für die Entwicklung der Gemeinschaft bildeten. Im Industriellen Zeitalter verlor der Dialog an Bedeutung und wurde in einer allgemeinen Beschleunigung einer globalisierenden Gesellschaft durch andere Kommunikationsformen wie Diskussion und Debatte ersetzt.

Das Interesse am Dialog wurde im vergangenen Jahrhundert durch zwei wichtige Philosophen wieder geweckt: Martin Buber und David Bohm. Buber betont die Bedeutung der Begegnung und einer dialogischen Haltung für die psychospirituelle Entwicklung des Menschen. Der Physiker Bohm weist auf die Fragmentierung des menschlichen Denkens und auf die Notwendigkeit hin, diese mit Hilfe des Dialogs zu überwinden. Dadurch wird kollektives Denken möglich, das für die Bewältigung der schwierigsten Herausforderungen unserer Zeit, wie Klimaschutz, Friedensarbeit und Bewältigung der Hungersnot, gebraucht wird.

Eine andere lange dialogische Tradition, die in Nordamerika auf viel Interesse stößt, hat das Native American Council. In diesen Gesprächsrunden wird ein Talking Stick (Sprechstock) oder ein anderes Sprechsymbol benützt, um die Aufmerksamkeit auf jeden individuellen Beitrag zu richten und so gemeinsam über bestimmte Themen nachzudenken und gemeinsam zu Entscheidungen zu kommen.

Council ist in Amerika als dialogische Kommunikationsform sehr bekannt und wird in vielen Institutionen und Organisationen, von Schulen bis zu großen Unternehmen, mit Erfolg angewandt.

Auch in der Theorie über die Entwicklung lernender Organisationen tauchte der Dialog Anfang der 1990er-Jahre als wichtiger Begriff auf: Peter Senge, Mitarbeiter des MIT in Boston und bekannter Forscher auf dem Gebiet des Systemischen Denkens in Organisationen, stellte fest, dass viel Wissen in Organisationen implizit vorhanden ist, aber unausgesprochen bleibt. Dies führt zum Verlust des für die Organisation wichtigen Wissens und zu Problemen in der Kommunikation. Laut Senge stellt der Dialog in Organisationen einen wichtigen Eckstein für die Weiterentwicklung der Organisation dar.

EIGENSCHAFTEN DES DIALOGS

Das Wort Dialog wird in unterschiedlichsten Bedeutungen verwendet. Oft steht hinter der Verwendung dieses Begriffs die Absicht, einer Gesprächsform, die eigentlich eine Debatte oder Diskussion ist und wenige dialogische Eigenschaften hat, eine positive Konnotation zu geben. Darum ist es wichtig, eine Definition des Dialogs zu finden, die seinem Wesen als gleichwertige und gemeinsame Kommunikationsform gerecht wird. Nimmt man die alten dialogischen Traditionen als Ausgangspunkt, gibt es einige Kennzeichen, die in all diesen Traditionen vertreten sind:

- Der Dialog basiert auf Respekt für gegensätzliche Meinungen.
- Im Dialog wird intensiv zugehört.
- Im Dialog kann sich jede*r mitteilen, ohne unterbrochen zu werden und jeder Beitrag wird als wichtig betrachtet.

- Im Dialog findet die Kommunikation verlangsamt statt.
- Im Dialog entsteht ein Zeitraum, in dem unterschiedliche Meinungen neben- (statt gegen-) einander gestellt und in der Schwebe gehalten werden, bis ein gemeinsamer neuer Sinnfluss im gemeinsamen Denken entsteht.
- Im Dialog hat jede*r Teilnehmende die Chance, in der Begegnung von Meinungen anderer das eigene Denken und dessen Grenzen bewusst zu untersuchen.
- Im Dialog wird Offenheit und Authentizität gefördert.
- Der Dialog basiert auf der absoluten Gleichwertigkeit und freiwilligen Teilnahme der Teilnehmenden.

Ist ein Gespräch durch diese Eigenschaften gekennzeichnet, sprechen wir von einem Dialog. Die Gesprächsqualität des Dialogs fördert die Gemeinschaftsentwicklung, die Überbrückung von Unterschieden und den gemeinsamen kreativen Denkprozess.

DIALOG UND DISKUSSION

Der Dialog, so wie er hier definiert ist, unterscheidet sich klar von den uns bekannten Formen der Diskussion und Debatte.

Diskussion – Debatte	Dialog
durch Argumente ein Ganzes in Fragmente aufteilen	in den Teilen das Ganze erkennen
verteidigen	erkunden
sich festlegen auf eine Bedeutung	gemeinsamen Sinn und Bedeutung schaffen
Macht der Stärkeren	alle Stimmen sind gleich wichtig
die eigenen Annahmen rechtfertigen	eigene Annahmen untersuchen
dient der Analyse und schnellen Entscheidungsprozessen	dient Sinnstiftung, Gemeinschaft und Kreativität
schnell – Beschleunigung	langsam – Verlangsamung

Gerade in diesen Unterschieden liegt der Mehrwert des Dialogs. Diskussion hilft, Komplexität zu reduzieren und die besten Argumente gelten zu lassen. Der Dialog basiert gerade auf dieser Komplexität der Unterschiede und lässt sie nebeneinander im Raum stehen. Die Gruppe kann so als Ganzes auf neue Gedanken kommen und gemeinsam ihre Probleme und Herausforderungen angehen. Dadurch schafft ein Dialog eine breitere Tragfläche für Entscheidungen als eine Diskussion.

Und doch brauchen Dialog und Diskussion einander: der Dialog, um Raum für gemeinsames Denken zu öffnen, Unterschiedlichkeit optimal zu nützen und

Gemeinschaftsgefühl zu fördern; die Diskussion, um Schwachstellen im gemeinsamen Denken zu finden, scharf zu analysieren und letztendlich Entscheidungen zu treffen. Die Kunst ist es, in Gemeinschaften die richtige Abwechslung und Balance zwischen beiden Gesprächsformen zu finden. Anders gesagt: Der Dialog ist keine allumfassende Lösung. Er ist aber ein Aspekt der Kommunikation, der in unserem industriellen Zeitalter so untergegangen ist, dass es Sinn macht, ihn wieder anwenden zu lernen und als wichtigen Pfeiler der Organisations-, Gemeinschafts- und Gesellschaftsentwicklung zu nützen.

DER ABLAUF EINES DIALOGPROZESSES

Der Dialog findet meist in kreisförmigen Runden statt, in denen die Teilnehmenden einander sehen können und in denen eine gekennzeichnete Mitte das Zentrum der Gruppe symbolisiert. Manchmal wird ein Sprechsymbol, z. B. ein Talking Stick oder ein Stein benützt, um die notwendige Verlangsamung, das Einander-Zuhören und das Sich-Frei-Ausdrücken zu unterstützen. Viele Dialoggruppen benützen auch eine Klangschale oder ein anderes Instrument, das den Anfang und das Ende der Dialogzeit markiert und mit dessen Hilfe jede*r Teilnehmende den Dialogprozess zu jeder Zeit unterbrechen oder verlangsamen kann. Es gibt einen klaren Zeitrahmen, der von einer halben bis zu zwei Stunden variiert. Nachdem die wichtigsten Dialog-Achtsamkeiten in der Gruppe geklärt sind, wird ein Sprechsymbol im Kreis weitergegeben und jede*r kann seine Gedanken, Gefühle, Wahrnehmungen und Eindrücke zu einem bestimmten Thema mitteilen, ohne unterbrochen zu werden. Die anderen Teilnehmenden hören zu. Da sie aufgrund der vereinbarten Dialog-Achtsamkeiten und der Struktur des Dialogkreises nicht unterbrechen dürfen, entsteht ein Raum, in dem jeder Beitrag gleichwertig gehört werden kann. Nach einer ersten Dialogrunde, bei erfahrenen Gruppen schon von Anfang an, besteht die Möglichkeit, das Sprechsymbol in die Mitte zu legen. Der*diejenige, der*die etwas sagen möchte, holt sich das Sprechsymbol und legt es wieder in die Mitte zurück, wenn er*sie ausgesprochen hat.

Es entsteht ein langsamer, fast ritueller Prozess, in dem vor allem die direkten Reaktions- und Argumentationsmuster keine Chance haben, sich in Argument und Gegenargument zu verfangen. Dadurch entsteht ein Raum, in dem Teilnehmende sehr schnell zu sehr wesentlichen Gedanken kommen, die viel zum gemeinsamen Denkprozess beitragen. Am Ende der festgelegten Zeitspanne und nach einer kurzen Pause findet idealerweise eine Reflexionsrunde statt. Jede*r Teilnehmende kann mitteilen, wie der Dialogprozess individuell erlebt wurde. Wenn möglich werden nächste Schritte vereinbart. Strategische Dialoge können protokolliert werden, damit wichtige Gedanken in nachfolgenden Prozessschritten mitgenommen werden können.

DIALOGPROZESSBEGLEITUNG

Das Begleiten eines Dialogprozesses erfordert bestimmte Fähigkeiten, die sich von anderen Begleitungsformen unterscheiden. Erstens gibt es spezielle Voraussetzungen, die einen Dialogprozess ermöglichen. Einige davon sind:

- eine genaue Einplanung des Dialogs in den Entwicklungsprozess der Organisation oder Gemeinschaft
- eine genaue Formulierung der Ziele und Rahmenbedingungen
- ein geeigneter Raum und eine vorbereitete Umgebung
- bestimmte unterstützende Materialien
- eine angemessene Einführung
- eine professionelle Begleitung

Zweitens braucht die Begleitung eines Dialogprozesses eine Haltung des*r Begleiters*in, die unterstützend, aber auf keinen Fall kontrollierend oder steuernd ist. Nur dann kann gemeinsames Denken entstehen. Dies bedeutet eine besondere Gratwanderung für den*die Prozessbegleiter*in. Dieser Mittelweg zwischen unterstützend anwesend zu sein und auch selbst als Teilnehmende*r beizutragen, ohne in den Prozess einzugreifen, zu steuern oder ihn moderieren zu wollen. In diesem Punkt unterscheidet sich Dialogprozessbegleitung klar von Moderation.

2 | DER DIALOG IM UNTERNEHMEN

Im Unternehmen bietet der Dialog eine Chance auf offenen Austausch und ist Rahmen für das Besprechen von Strategie- und Kommunikationsthemen. Der Dialog fördert einen gemeinsamen Denkprozess und bildet Gemeinschaft auf unterschiedlichen Ebenen sowie quer durch die Organisation.

Das Management kann Dialogprozesse initiieren und unterstützen, um das Wissen in der Organisation optimal zu nützen, die Anteilnahme der Mitarbeiter*innen zu vergrößern und so die Tragfläche für Entscheidungen und die Effektivität in der Organisation zu verbessern.

Ein wichtiger Effekt von Dialogprozessen im Unternehmen ist, dass ein offeneres Kommunikationsklima entsteht und Netzwerkverbindungen in der Organisation zunehmen. Die unterschiedlichen Positionen und Funktionen werden klarer sichtbar, was der Abstimmung und Zusammenarbeit zugutekommt.

Zusätzlich bietet der Dialog im Unternehmen einen Rahmen für das Ansprechen von „gefährlichen Wahrheiten": Bis dahin nicht ausgesprochene Meinungen oder verborgene Konflikte können im Dialog angesprochen werden, wodurch das Vertrauen wächst und die Motivation der Mitarbeiter*innen gestärkt wird.

Voraussetzung für einen Dialogprozess im Unternehmen ist die Bereitschaft des Managements, den üblichen Führungsstil für Partizipation der Mitarbeiter*innen zu öffnen und sich gleichwertig auf Dialogprozesse einzulassen. Darum fängt ein Dialogprozess im Unternehmen idealerweise im Managementteam an, um zu klären, ob ein dialogischer Ansatz im Unternehmen unterstützt und gefördert werden kann.

Es gibt verschiedene Arten des Dialogs, die eine Dialogkultur in Unternehmen unterstützen:

STRATEGISCHER DIALOG

Eine Auswahl von Personen setzt sich zusammen, um ein bestimmtes Thema gemeinsam anzudenken (Think-Tank). Um dies zu ermöglichen, wird eine optimale Vielfalt in der Zusammensetzung der Gruppe angestrebt. Ein Maximum an Unterschiedlichkeit an Erfahrung, Wissen und Perspektiven sichert das Kreativitätspotenzial.

FÜHRUNGSDIALOG

Personen mit Führungsfunktionen in der Organisation setzen sich zusammen, um gemeinsam über Führungsthemen nachzudenken und Erfahrungen auszutauschen. Somit wird der Dialog zum Rahmen für die Unterstützung und Entwicklung der Führungskraft. Aktuelle Organisationsthemen werden besprochen und in der Praxis umgesetzt.

TEAMDIALOG

Teams, die schon länger zusammenarbeiten, brauchen regelmäßig einen Rahmen, um die Zusammenarbeit zu evaluieren, Rollen und Positionen zu klären und Themen anzusprechen, die in der Alltagskommunikation eher keinen Platz finden. Ein Teamdialog bietet die Möglichkeit, alte Muster im Team sichtbar zu machen, Themen miteinander zu klären und gemeinsam neue Wege zu finden. Er schafft auch einen Rahmen, wo gemeinsam über heikle Themen nachgedacht werden kann.

Der Teamdialog unterscheidet sich dahingehend von Supervision, als dass er auf den Erfahrungen und dem Wissen der Teilnehmenden selbst aufbaut. Er bietet und hält den Rahmen für eine offene und effiziente Kommunikation. Es gibt keine Supervisor-Position, sondern eine*n Begleiter*in des Dialogprozesses.

Teams, die sich neu finden müssen, weil neue Personen hinzukommen, bestehende Teams, die zusammengelegt werden oder sich ganz neu formieren, können den Dialog als Rahmen nützen, um einander kennenzulernen, Vertrauen aufzubauen und damit eine stabile Kommunikationsbasis für die Zusammenarbeit zu schaffen.

PROJEKTDIALOG

Da Projektgruppen oft aus mehreren Abteilungen einer Organisation oder sogar aus mehreren Organisationen zusammengestellt werden und unterschiedliche Funktionen sowie Hierarchieebenen in einem Projekt zusammenarbeiten, brauchen Projektteams eine sehr effiziente Kommunikation.

In regelmäßigen Abständen gemeinsam nachdenken über die Ziele und die Umsetzung des Projekts, die Zusammenarbeit und Kommunikation reflektieren und gestalten, die Motivation fördern – das alles stärkt das Projektnetzwerk und trägt dadurch stark zum Erfolg des Projekts bei. Der Dialog bietet für all diese Aspekte des Projektmanagements einen sehr hilfreichen Rahmen und unterstützt eine effiziente Projektkommunikation.

GROSSGRUPPENDIALOG

Die oben beschriebenen Formen des Dialogs eignen sich sehr gut für Gruppen bis zu 40 Personen. Für Organisationsentwicklungsschritte in der gesamten Organisation oder eine große heterogene Gruppe, bei der mehr als 40 Personen für einen gemeinsamen Austausch und einen gemeinsamen Denkprozess mit einbezogen sind, empfiehlt es sich, spezifische Großgruppenmethoden anzuwenden. Sie bieten die Möglichkeit, in kurzer Zeit viel Energie und Motivation zu generieren, viel Information zu sammeln und zu verbreiten und neue Schritte für die weitere Entwicklung gemeinsam zu planen. Zum Beispiel bei der Implementierung einer neuen Vision oder beim Unterstützen eines Kulturwandels in Organisationen ist die Großgruppenarbeit ein wichtiges Instrument.

Für diese Großgruppenveranstaltungen stehen mehrere effiziente Methoden zur Verfügung: Open Space, World Café, Whole Scale Change, Future Search Conferencing etc. (siehe Seliger, 2008). Diese Methoden tragen oft schon sehr viele dialogische Prinzipien in sich: Sie basieren auf Gleichwertigkeit, die Teilnahme ist mehr oder weniger freiwillig, jede*r kann sich einbringen und jede*r wird mit seinem*ihrem Beitrag auch mehr oder weniger gehört. Dadurch, dass die Vielfalt an Perspektiven und Meinungen in den Raum gestellt wird und niemand direkt darauf reagieren kann, findet automatisch ein gemeinsamer Denkprozess statt, durch den jede*r Anwesende beeinflusst wird. Großgruppenveranstaltungen sind für Teilnehmende im Allgemeinen inspirierend und bringen Aktivität und neue Impulse.

Vor allem in der Kleingruppenarbeit, die in jeder Großgruppenmethode einen wichtigen Platz einnimmt, wirkt eine Achtsamkeit für dialogische Prinzipien wie Verlangsamung, offenes Sprechen und offenes Zuhören und das Arbeiten mit Sprechsymbolen sehr unterstützend.

Für den erfolgreichen Ablauf von Großgruppendialogen sind gewisse Voraussetzungen notwendig: eine klare Absicht, der richtige Moment, die „richtigen" Anwesenden, eine sorgfältige und sehr genaue Vorbereitung und Moderation, eine genaue Roadmap für die weitere Verarbeitung und Nachverfolgung der Ergebnisse.

BEISPIEL 1
TEAMDIALOG IM UNTERNEHMEN: „GEFÄHRLICHE WAHRHEITEN"

Ein Team von 14 Personen nahm sich einen Tag Zeit, um unter Begleitung Dialog zu führen. In der ersten Dialogrunde wurde von einigen Teammitgliedern angesprochen, dass es schön wäre, wenn man im Team weniger „harmoniesüchtig" und ein bisschen „konfliktfreudiger" wäre. In der ersten Runde wurde vor allem über dieses Thema im Allgemeinen gesprochen. Erst in der zweiten Dialogrunde fingen einige Teilnehmende an, einander vermehrt und direkter auf konkrete Reibungspunkte anzusprechen. Am Ende des Tages waren viele Themen angesprochen und es war, als hätte ein frischer Wind durch das Team geweht. In der Reflexionsrunde wurde allen klar, dass es sehr hilfreich war, sich in diesem sicheren Rahmen auszusprechen, und dass der Dialog viel zum Vertrauen und zur Zuversicht im Team beigetragen hat.

BEISPIEL 2
GROSSGRUPPENDIALOG IM UNTERNEHMEN

In einer Organisation mit 250 Mitarbeiter*innen wurde durch eine Umfrage unter Mitarbeiter*innen, Lieferant*innen und Kund*innen klar, dass es wichtig war, zu einer neuen Form der Service- und Kundenorientierung zu kommen. Da die Führung dies als eine grundsätzliche Änderung ihrer Unternehmenskultur sah, erteilte sie einem externen Team von Berater*innen den Auftrag, diesen Veränderungsprozess im Unternehmen möglichst schnell in Gang zu bringen. Bisherige Versuche in dieser Richtung waren sehr mühsam und langwierig. Daher stimmte das Management zu, dass es jetzt wichtig wäre, von Anfang an einen Weg zu finden, möglichst viele Mitarbeiter*innen aller Ebenen aktiv in den Prozess einzubeziehen.

Es wurde eine Großgruppenveranstaltung organisiert, an der alle Mitarbeiter*innen teilnahmen. Nach einer kurzen Einführung in die wichtigsten Dialogregeln wurde zu unterschiedlichen Fragestellungen in Teilgruppen Dialog geführt. Nach jeder Dialogrunde wurden die Ergebnisse im Plenum kurz vorgestellt und gut dokumentiert. Die Zusammenstellung der Gruppen wechselte nach jeder Runde, damit eine größtmögliche Mischung der Dialogrunden entstand.

Der Prozess wechselte mit kurzen Vorträgen des Managements, aber auch von Lieferant*innen und Kund*innen ab, sodass jede*r in der Organisation Input von allen Seiten bekam. Die Fragen für die Dialogrunden wurden über die zwei Tage so aufgebaut, dass am Ende klare, konkrete Schritte für die weitere Umsetzung einer neuen Vision geplant werden konnten. Die Veranstaltung wirkte motivierend auf alle Mitarbeiter*innen und das Managementteam.

Nach dieser Kick-off-Veranstaltung plante das Team von Berater*innen gemeinsam mit der Organisation den weiteren Prozess. Darin hatten Dialogrunden in der Organisation, die über ein Jahr strukturell eingeplant und durchgeführt wurden, einen wichtigen Anteil. Nach einem Jahr war klar sichtbar, dass die Veränderung in der Unternehmenskultur zu einem breit getragenen und bewussten Thema auf allen Ebenen der Organisation geworden war. Die ersten konkreten positiven Auswirkungen auf die Zufriedenheit von Kund*innen und Mitarbeiter*innen wurden sichtbar.

3 | DER DIALOG IM TRAININGSKONTEXT

Im Dialogprozess übt jede*r Einzelne zuzuhören, sich authentisch mitzuteilen, sich für die Unterschiedlichkeit des*der anderen zu öffnen und dessen*deren Sichtweisen nicht nur zu respektieren, sondern auch als Anregung zum Weiterdenken zu betrachten. In diesem Sinne ist Dialog ein wirkungsvolles und sehr praktisches Instrument für persönliche Entwicklung und die Entwicklung von Gemeinschaften. Dialog eignet sich sehr gut für gemeinsames Denken über wichtige Themen wie Führung, Zusammenarbeit, Strategie, Vision und konkrete Projekte im Alltag.

BEISPIEL
GEMEINSAMES DENKEN ÜBER WICHTIGE THEMEN

In einem Training für Führungskräfte aus unterschiedlichen Organisationen wurde die Frage „Wie motiviert man Mitarbeiter*innen?“ zu einem der Hauptthemen, nachdem die vom Trainer präsentierte Theorie für einige Teilnehmende unbefriedigend war. Der Trainer schlug vor, dieses Thema in einem Dialog näher zu betrachten. Nachdem die Dialogregeln kurz erklärt wurden, begann die Dialogrunde mit einer langen Stille der Teilnehmenden. Die Teilnehmenden begannen langsam zu sprechen. Sie erzählten von ihren Erfahrungen mit den eigenen Mitarbeiter*innen. Dann tauschten sie sich nach und nach darüber aus, was sie selbst als motivierend und nicht motivierend erlebt hatten. Sie hörten einander intensiv zu. Von einem Gedanken kamen sie in den nächsten.

Obwohl es am Ende kein klares Ergebnis gab, entstanden viele kreative Gedanken und vor allem neue Motivation, um sich im Alltag mit diesem Thema zu beschäftigen. Die Teilnehmenden beurteilten diesen Dialog als einen der sinnvollsten Teile des Seminars.

4 | DER DIALOG IN GEMEINSCHAFTEN UND VEREINEN

Dialogrunden in Gemeinschaften und Vereinen helfen, die Kommunikationsbasis in der Gruppe und das damit zusammenhängende Vertrauen in der Gruppe zu stärken. Visions- und Entscheidungsfindung sowie Konfliktlösung werden vor allem dann möglich, wenn die Beteiligten sich gehört und gesehen fühlen, gegenseitiger Respekt (wieder) vorhanden ist und ein Austausch auf einer persönlichen und tieferen Ebene möglich ist. Der Dialog, so wie er hier verstanden wird, bietet einen klaren methodischen Rahmen sowie eine Grundhaltung von Gleichwürdigkeit, Respekt und Gemeinsamkeit, die für die Gemeinschaftsentwicklung sehr unterstützend sein kann.

BEISPIEL
DIALOG IM VEREIN

In einem Verein für Tai-Chi-Lehrer*innen in den Niederlanden gab es nach mehreren Vorstandswechseln Probleme in der Zusammenarbeit.

Der jetzige Vorstand fühlte sich sehr machtlos in der weiteren Gestaltung und Führung des Vereins, da es immer wieder zu Machtkämpfen kam, die in der Vergangenheit wurzelten. Einer Lehrerin, die vor 15 Jahren Gründungsmitglied dieses Vereins war und ihn mit anderen zusammen aufgebaut hatte, fehlte die Anerkennung für ihre Tätigkeit. Da viele Mitglieder bei ihr auch die Ausbildung gemacht hatten, standen diese eher auf ihrer Seite.

Schon der erste Vorstand, der zu einer Zeit gewählt wurde, als die Initiatorin sich mehr zurückziehen wollte, fühlte sich handlungsunfähig. Ebenso ging es den anderen mehrmals wechselnden Vorständen. Viele Vorschläge wurden abgelehnt und Entscheidungen verzögerten sich aufgrund dieses grundsätzlichen Konflikts.

Jedem*r der Beteiligten war es ein Anliegen, dieses Problem zu lösen, damit die Arbeit des Vereins wieder in Fluss kam. Es wurde entschieden, einen begleiteten Dialogprozess zu starten. In drei Gesprächen von jeweils zwei Stunden wurde klar, wie schwer diese Sache alle belastete und wie stark die Gefühle einiger Betroffener waren. Auch wenn der Austausch manchmal sehr emotional und heftig geführt wurde, war es heilsam, dies alles in den Raum zu stellen, zu sehen, zu hören und anzuerkennen. Die Menschen waren wieder bereit, sich mit dem Thema auseinanderzusetzen und über Lösungen nachzudenken.

Nach drei Dialogrunden wurde entschieden, dass der Verein in der jetzigen Form aufgelöst werden sollte und in einer neuen Form, mit einem neuen Namen durchstarten sollte. Dies war eine gemeinsame Entscheidung, die von jedem*r getragen und respektiert wurde. Mit der Möglichkeit, im sicheren Rahmen ausführlich über Konflikte zu sprechen, und der daraus folgenden Entscheidung wurde die Vergangenheit für alle Beteiligten gut abgeschlossen.

5 | DER DIALOG IN DER SCHULE

Schulen stehen vor der besonders schwierigen Aufgabe, einerseits immer wieder Wege für neues Lernen zu suchen und andererseits sich mit Themen wie interkulturelle und interreligiöse Unterschiede, Integration und Gewalt in der Schule auseinanderzusetzen. Lehrer*innen sind mit dieser Vielfalt an Aufgaben und den Ansprüchen der Gesellschaft oft überfordert. Auch stehen sie vermehrt vor schwierigen Situationen im Schulalltag, die sehr belastend sein können.

Dialogrunden in Schulen, in denen Schüler*innen und Lehrer*innen sich zu diesen Themen mitteilen können, ohne unterbrochen zu werden, und gleichzeitig anderen zuhören, stellen eine Möglichkeit für gleichwertigen und gewaltfreien Austausch dar. Der Dialog bietet einen Rahmen, um zu erkunden, was die Beweggründe und Hintergründe der anderer sind. Unterschiede werden in ihrer Tiefe sichtbarer und damit verständlicher.

Der Dialog in der Schule schafft zugleich einen Platz, wo Lehrer*innen sich mitteilen und austauschen können, was sie in der täglichen Arbeit inspiriert oder auch frustriert. Der Dialog macht das gemeinsame Nachdenken über wichtige Themen und die gemeinsame Gestaltung der Zukunft wieder möglich. Der Dialog verhilft zu einem Austausch der Schüler*innen untereinander, zwischen Lehrer*innen, zwischen Lehrer*innen und Schüler*innen und zwischen Lehrer*innen, Schüler*innen und Eltern. Dieser Austausch fördert Vertrauen und Respekt und trägt zur Bildung einer funktionierenden Lerngemeinschaft bei.

BEISPIEL
DIALOG IN EINER KLASSENGEMEINSCHAFT

Eine Lehrerin, die Deutsch und Französisch in einer Schule in Wien unterrichtete, fragte an, ob wir einen Dialog in einer Klasse mit 12-Jährigen anleiten und begleiten könnten. Grund dafür war die andauernde und zunehmende Spannung in der Klasse: Die Mädchen betrieben untereinander Mobbing, die Buben verhielten sich untereinander gewalttätig.

Laut der Lehrerin war es sehr schwierig, in dieser Schulklasse zu arbeiten: Eine Aufgabenorientierung von mehr als 15 Minuten war nicht möglich, dann trat eine große Unruhe ein und es war für die Lehrerin fast unmöglich, sinnvoll mit den Schüler*innen zu arbeiten. Der Lehrerin schienen die unterschiedlichen Kulturen und Religionen, die in dieser Klasse vertreten waren, ein Hauptgrund für die Probleme, die die Jugendlichen untereinander hatten. Die Schüler*innen waren hauptsächlich tschechischer, serbischer, mongolischer, bulgarischer, russischer und ägyptischer Herkunft, es gab nur zwei österreichische Kinder in dieser Klasse. Die religiösen Hintergründe waren in Islam, Christentum und unterschiedlichen orthodoxen Strömungen zu finden und waren aus Sicht der Lehrerin Auslöser für einen intoleranten Umgang mit den Unterschiedlichkeiten untereinander.

Wir entschieden uns für die Arbeitsform des Dialogkreises, bei der ein Talking Stick im Kreis weitergegeben wird, da sie leicht zugänglich und leicht zu erklären ist. Nach einer kurzen Einführung zeigten sich die Schüler*innen einverstanden mit dem Ablauf und mit den wichtigsten Dialogregeln und wir gaben den Sprechstock im Kreis herum. Es dauerte ein bisschen, bevor sich jede*r an diese Vorgangsweise gewöhnt hatte. Langsam begannen die Schüler*innen nacheinander zu erzählen, wie sie sich fühlten und was sie in der Klasse im Umgang miteinander wichtig fanden. Und nachdem die Ersten angefangen hatten, sagten immer mehr Kinder, wie sie sich in der Klasse fühlten, was sie sich wünschten und wie sie glaubten, dass jede*r für sich dazu auch beitragen konnte. Zweimal 50 Minuten tauschten sich die Schüler*innen intensiv aus, ohne eine Spur von Konzentrationsverlust.

Die Kinder evaluierten das Gespräch als sehr wichtig, vor allem weil sie das Gefühl hatten, dass dieses Mal ihnen jemand wirklich zuhörte und dass ihre Meinungen Gewicht hatten, was sie im Schulalltag, aber vor allem in den eigenen Familien oft nicht gewohnt waren. Sie freuten sich auf einen nächsten Dialog.

In der Reflexion mit der Lehrerin einige Wochen später wurde klar, dass der Dialog keine wesentlichen konkreten Veränderungen des Verhaltens in der Klasse gebracht hatte. Dafür müsste es einen längeren Prozess geben. Aus diesem Grund wurde über das ganze kommende Schuljahr alle vier Wochen ein begleiteter Dialog mit den Schüler*innen geplant. Die Lehrerin hielt es für sehr wichtig, dass die Schüler*innen diese Kommunikationsform kennenlernten und miteinander übten, damit sie auch andere Perspektiven für den Umgang miteinander entwickelten.

Hier war also der Prozess des Dialogs wichtig, um neue Kommunikationsmuster zu erfahren und zu üben. Die Inhalte des Dialogs waren dabei untergeordnet.

6 | DER DIALOG ALS SUPERVISIONSINSTRUMENT

Der Dialog bietet den Rahmen für das Untersuchen der eigenen Werte, Vorstellungen und Überzeugungen. Der Dialog bringt Kolleg*innen untereinander oft sehr schnell in einen gemeinsamen Denkprozess, in dem neue Gedanken und neue Lösungsansätze auftauchen. Dadurch eignet sich der Dialog sehr gut als Gesprächsform in Supervisionskontexten. Der große Vorteil besteht darin, dass gemeinsam Bedachtes und Entschiedenes viel wirksamer und vor allem auch nachhaltiger ist als von außen eingebrachte Vorschläge und Ideen. In der Bearbeitung von Fällen aus der Praxis nützt man den Dialog zur Schaffung neuer Perspektiven und Handlungsoptionen. Bei Kommunikationsarbeit in der Gruppe hilft der Dialog, schwierige Themen doch anzusprechen und Konflikte und Missverständnisse in einem sicheren Rahmen zu bearbeiten. Nicht zuletzt bietet der Dialog auch einen sehr konkreten Erlebnisraum, in dem die eigenen Denk- und Kommunikationsmuster sehr schnell bewusst werden und reflektiert werden können. Reflexionsrunden (Wie denke ich, fühle ich, reagiere ich?) nach dem konkreten Dialog unterstützen den persönlichen Entwicklungsprozess, der durch den Dialog in Gang gesetzt wird.

BEISPIEL
DIALOG IM SUPERVISIONSKONTEXT

Ein Trainerteam, das ein Projekt in der Erwachsenenbildung begleitete, hatte alle drei Wochen ein dreistündiges Supervisionstreffen, bei dem Fallarbeit, Kommunikation untereinander und persönliche Entwicklung im Beruf im Mittelpunkt standen. Gemeinsam haben sie sich für den Dialog, so wie er hier beschrieben wird, als Rahmen für die Supervisionsarbeit entschieden.

Jedes Treffen fing mit einer Dialogrunde an, in der ein Sprechsymbol im Kreis weitergegeben wurde. Jede*r teilte sich über seine Befindlichkeit, Erfahrungen,

Wahrnehmungen und Anliegen mit, während die anderen zuhörten. Viele Themen des Teams wurden auch in diesen Gesprächsrunden im Kreis bearbeitet, abwechselnd mit Systemaufstellungsarbeit.

Auch der Supervisor brachte sich in den gleichwertigen Gesprächsrunden ein. Der gemeinsame Denkprozess wurde von allen als sehr bereichernd empfunden. Die Langsamkeit der Dialogrunden, das Sich-Ausdrücken-Können und das intensive Zuhören halfen, einander auch in den Unterschiedlichkeiten besser zu verstehen und zu respektieren, was das Kommunikationsklima im Team sehr stark unterstützte. Das führte dazu, dass die Bezeichnung des dreiwöchigen Treffens von „Supervision“ in „Trainerdialog“ umgewandelt wurde. Die Teilnehmenden sowie der Begleiter empfanden dies als stärkend und motivierend, da es eine Haltung der Gleichwürdigkeit und der Partizipation aller Beteiligten ausdrückte.

ZUSAMMENFASSUNG

Der Dialog ist eine besondere Art der Gesprächsführung, die auf Gleichwertigkeit, Respekt und Partizipation aller Beteiligten basiert. Sie hilft Gruppen, im sicheren Rahmen gemeinsamen nachzudenken, sei es als kreativer, konfliktlösender oder als gemeinschaftsbildender Prozess. Dadurch, dass jede Stimme gehört und jeder Gedanke mitgeteilt werden kann, trägt der Dialog zum Vertrauen und zum Umgang mit unterschiedlichen Perspektiven und Meinungen in einer Gruppe bei. Er bietet einen sicheren Rahmen für das Aussprechen von „gefährlichen Wahrheiten" (siehe Simmons, 1999). Das bedeutet, dass sich Teammitglieder in der klaren Struktur des Dialogs meist sehr rasch sicher fühlen und Themen ansprechen können, die heikel sind und normalerweise eher vermieden werden. Wenn diese ehrliche, aufrechte Offenheit entsteht, wirkt sich das unterstützend auf die Zusammenarbeit und die Kommunikation aus. So bildet sich eine solide Grundlage für das gegenseitige Vertrauen in der Gemeinschaft.

Der Dialog ergänzt als Gesprächsform die Diskussion und die Debatte: Er hilft Gruppen von Menschen über die individuellen Meinungen und Ansichten hinweg kollektiv nachzudenken und kollektive Lösungen für Probleme zu finden. Damit ist der Dialog nicht nur eine Methode, sondern vor allem auch eine Haltung, die Prinzipien von Gleichwertigkeit, Anteilnahme und Gemeinsamkeit vertritt. Der Dialog ist Basis für das Wohlbefinden, die Gesundheit, die Motivation und die Zufriedenheit von Menschen und die Effektivität der Gruppe – sei es in einer Gemeinschaft, einer Schule oder im Unternehmen.

ÜBER DEN AUTOR

EELCO DE GEUS (1961) lebt und arbeitet seit 2002 in Österreich als Lebens- und Sozialberater, Supervisor und Coach, spezialisiert auf systemische Arbeit, Gemeinschaftsbildung und Dialog. Sein Entwicklungsweg ist geprägt von Individualpsychologie (Adler), Klientenzentrierter Gesprächsführung, Tri Energetics, NLP, Council, Gewaltfreie Kommunikation, Community Building (Scott Peck), Gestaltprozessarbeit, systemischer Aufstellungsarbeit, Dialog nach David Bohm, Martin Buber und Kreisarbeit in verschiedenen indigenen und modernen Traditionen, u. a. der Arbeit von Christina Baldwin und Ann Linnea. Nach einer Schulung in Deutschland mit Martina Hartkemeyer und Freeman Dhority initiierte Eelco Ausbildungsprogramme für die Begleitung von Dialogprozessen in den Niederlanden und in Österreich und ist als systemisch-dialogischer Prozessbegleiter und als internationaler Lehrer in diesem Bereich tätig.

Eelco bringt seine Musik aktiv in seine Arbeit mit Menschen, Gruppen und Organisationen ein. In den letzten Jahren waren die Philosophie und die Arbeit von Eugene Gendlin (Fokusing) eine besondere Inspiration für seine Arbeit mit dem Dialog. Er betrachtet die Tragfähigkeit von Beziehungen in den Partnerschaften und Gemeinschaften, in denen wir leben und arbeiten, als die wichtigste Ressource für unsere persönliche und gemeinsame Entwicklung.

Zusammen mit seiner Frau Julia arbeitet er in ihrem eigenen Zentrum, in dem Dialog, Aufstellungsarbeit und Human Design integriert werden, um emotionale Bewusstheit in unserer Kommunikation und unseren Beziehungen zu fördern. Eelco ist Mitbegründer der Dialogakademie in Wien, wo er gemeinsam mit einem Team von Kolleg*innen Ausbildungen, Seminare und Projekte für systemisch-dialogische Prozessarbeit organisiert und begleitet.

Dialogisches Leben ist nicht eins,
in dem man viel mit Menschen zu tun hat,
sondern eins, in dem man mit den Menschen,
mit denen man zu tun hat,
wirklich zu tun hat.

Martin Buber

LITERATUR

Bohm, David: Der Dialog. Klett-Cotta, Stuttgart, 2002.

Buber, Martin: Das dialogische Prinzip. Gütersloher Verlagshaus, 2002.

Ellinor, Linda & Glenna, Gerard: Der Dialog im Unternehmen. Klett-Cotta, Stuttgart, 2000.

Geus, Eelco de & Voorberg, Kees: Im Dialog – Miteinander den Wandel gestalten. Renate Götz Verlag, Dörfles, 2022.

Geus, Eelco de: Der Dialog als Trainingsinstrument. In: LO Lernende Organisationen, Zeitschrift für systemisches Management und Organisationen, Nr. 42, Wien, April 2008.

Hartkemeyer, Martina und Johannes F. & L. Freeman Dhority: Miteinander Denken – Das Geheimnis des Dialogs. Klett-Cotta, Stuttgart, 1998.

Hartkemeyer, Johannes F. & Martina: Die Kunst des Dialogs – Kreative Kommunikation entdecken. Klett-Cotta, Stuttgart, 2005.

Isaacs, William: Dialog als Kunst gemeinsam zu denken. EHP, Bergisch Gladbach, 2002.

Kapelari, Benno & Wieser, Jutta: Dialog – Kraft der Veränderung. Renate Götz Verlag, Dörfles, 2023.

Seliger, Ruth: Einführung in Großgruppenmethoden. Carl Auer Verlag, Heidelberg, 2008.

Simmons, Annetta: A safe place for a dangerous truth – Using dialogue to overcome fear & distrust at work. AMA, New York, 1999.

WEITERE WERKE ZUM DIALOG

Eelco de Geus, Kees Voorberg
Im Dialog
MitEinAnder den Wandel gestalten
304 Seiten, A5, Paperback
ISBN 978-3-902625-92-2

Julia de Geus, Artur Bodenstein
MitEinAnder
Dialogisch leben und arbeiten
32 Achtsamkeitskarten
ISBN 978-3-902625-91-5

Jutta Wieser, Benno Kapelari
Dialog – Kraft der Veränderung
312 Seiten, A5, Paperback
ISBN 978-3-902625-97-7

Katharina Erlacher
Dialogkarten
15 Karten in Kuvert: A5
ISBN 978-3-902625-98-4

Ausführliche Informationen sowie das gesamte Verlagsprogramm finden Sie auf

www.rgverlag.com